都道府県クイズ図鑑

あかね書房

都道府県

　かつて、鉄道や飛行機でかんたんに遠くに行かれなかったころは、山をひとつ越えるだけのところでも、物や情報を届けるのは、たいへんなことでした。交通が便利になり、テレビなどでかんたんに情報を伝えられる今では、都道府県による暮らしのちがいは少なくなってきたように思えます。

　それでも、日本のなかでどの位置にあるのかによって、気候や産業に大きなえいきょうがありますし、つちかってきた歴史などによって文化や生活に特色がでるものです。

　みなさんが住んでいるのはどんなところですか？　おとなりの県はどんなところ？　行ってみたいのはどんな県？　どんな特色があるのかを、調べてみましょう。

　この本では、地形や気候などの自然環境や、農業や漁業などの産業のほか、文化財や世界遺産などの文化を紹介しています。

　けれど、都道府県の特徴はそれだけではありません。たとえば、言葉。同じ意味でも地域によって言葉が変わる方言がありますね。料理も、出汁の材料や味付けなどが地域によってちがったりします。この本を読んで都道府県のことに興味をもったら、さまざまことで都道府県をくらべてみると楽しいですね。

もくじ

都道府県をつなげよう　4
- 日本のかたち …………………………………………………………… 5
- 都道府県のはじまり …………………………………………………… 6
- 山でつながる都道府県 ………………………………………………… 8
- 川や海でつながる都道府県 …………………………………………… 10
- 気候でつながる都道府県 ……………………………………………… 12
- 工業でつながる都道府県 ……………………………………………… 13

都道府県をくらべよう　14
- 都道府県をグループに分ける ………………………………………… 15
- 8つの地域区分 ………………………………………………………… 16
- 北海道地方 ……………………………………………………………… 18
  - この本の地図の色 …………………………………………………… 19
- 東北地方 ………………………………………………………………… 20
- 関東地方 ………………………………………………………………… 25
  - 東京の島々と自然 …………………………………………………… 29
- 中部地方 ………………………………………………………………… 31
  - 指定都市 ……………………………………………………………… 37
- 近畿地方 ………………………………………………………………… 38
  - 都道府県庁所在地と地名 …………………………………………… 43
- 中国地方 ………………………………………………………………… 44
  - 世界遺産とは　文化財とは　国宝とは …………………………… 47
- 四国地方 ………………………………………………………………… 49
  - 海にまつわる言葉 …………………………………………………… 51
- 九州・沖縄地方 ………………………………………………………… 53

都道府県一覧（さくいん）　59

〈この本について〉
● この本に掲載している情報は、2017年2月末現在のものです。

都道府県を つなげよう

日本は島国で、ほかの国とは接していません。
でも、都道府県は、バラバラではなく地続きで、気候や文化、経済などさまざまなことでえいきょうしあっています。
まずは、日本全体から都道府県を見てみましょう。

都道府県をつなげよう

日本のかたち

海にかこまれた日本は、4つの大きな島を中心とした島国です。この4つと周辺の島々を合わせて日本列島とよびます。世界でいちばん大きな大陸、ユーラシア大陸の東側にあります。

択捉島
日本のいちばん北の端

北海道

本州

九州

四国

与那国島
日本のいちばん西の端

沖ノ鳥島
日本のいちばん南の端

南鳥島
日本のいちばん東の端

排他的経済水域

日本の面積は、約38万km²。世界でおよそ60番目の大きさで、あまり広くありません。
けれど、日本の海がどこまでかというと、実は、とても広い場所をしめているのです。それは、条約で海岸から約370kmの範囲の海の漁業や開発が認められているので、遠いところにある島のまわりも、日本の海となるためです。

たくさんの島

周囲（海岸線の長さ）が100m以上の島を数えると、日本には6,852の島があります。東の端、南鳥島は本州の東京から約1,860kmも離れています。沖ノ鳥島は、満潮のときはほとんど海にしずんでしまうため、保全対策がとられています。

都道府県はいくつある？

クイズ1

まずは、都道府県の基本のクイズです。日本にはいくつの都道府県があるか知っていますか？

都道府県のはじまり

都道府県は、市町村をたばねている地方公共団体で、知事をおき、議会で政治をおこなっています。

1871(明治4)年、政府は、それまで各地方の大名がおさめる独立した国であった「藩」という区分けをやめて、中央の政府が統治する地方自治体「県」に置きかえました。これを廃藩置県といいます。はじめは、3府302県もありましたが、その年末までに3府72県に整理されて、1888(明治21)年には現在とほぼ同じ1道3府43県になりました。そして、1943年に東京府が東京都に変更されて、1都1道2府43県となったのです。

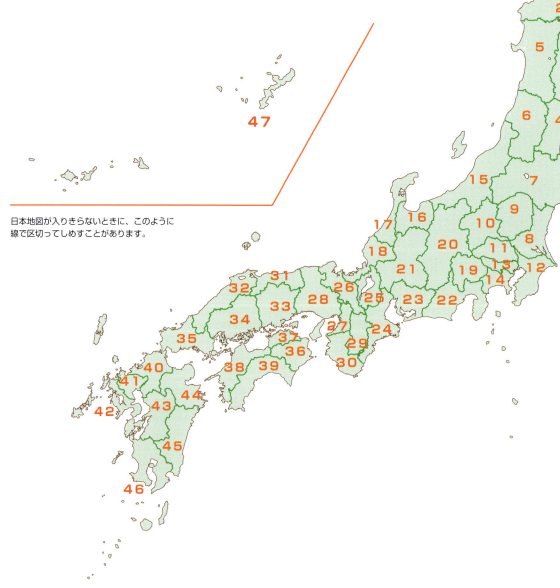

日本地図が入りきらないときに、このように線で区切ってしめすことがあります。

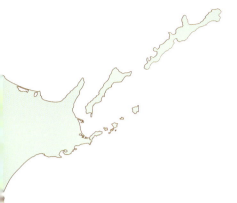

47の都道府県

都道府県には、都道府県番号（都道府県コード）がわりふられていて、おおよそ北東から南西への順で番号がついています。この本では、基本的にこの順番で紹介します。

1のこたえ

01 北海道	11 埼玉県	21 岐阜県	31 鳥取県	41 佐賀県
02 青森県	12 千葉県	22 静岡県	32 島根県	42 長崎県
03 岩手県	13 東京都	23 愛知県	33 岡山県	43 熊本県
04 宮城県	14 神奈川県	24 三重県	34 広島県	44 大分県
05 秋田県	15 新潟県	25 滋賀県	35 山口県	45 宮崎県
06 山形県	16 富山県	26 京都府	36 徳島県	46 鹿児島県
07 福島県	17 石川県	27 大阪府	37 香川県	47 沖縄県
08 茨城県	18 福井県	28 兵庫県	38 愛媛県	
09 栃木県	19 山梨県	29 奈良県	39 高知県	
10 群馬県	20 長野県	30 和歌山県	40 福岡県	

日本はどんな地形をしている？

クイズ2

地図では日本を平らにしてみていますが、実際は山や川、平野など、でこぼこした地形をしていますね。日本の国土でいちばん大きな面積をしめているのは何でしょう？

山でつながる都道府県

日本は、山が多く平地が少ない地形で、国土のおよそ4分の3が山地です。そして、中央には山脈が背骨のように日本列島をつらぬいています。火山活動によってできた山が多いのも特徴です。

高い山々は、それぞれの地域の気候にちがいをもたせたり、交通など暮らしのさまざまなことにえいきょうをあたえています。そのため、山が県境になっているところも多くあります。

どんな山地や山脈があるか、おもなものを紹介します。

1 北見山地
2 石狩山地
3 天塩山地
4 日高山脈
5 夕張山地
6 白神山地
7 出羽山地
8 奥羽山脈
9 北上高地
10 越後山脈
11 阿武隈高地
12 関東山地
13 飛騨山脈
14 木曽山脈
15 赤石山脈
16 鈴鹿山脈
17 丹波高地
18 紀伊山地
19 中国山地
20 讃岐山脈
21 四国山地
22 筑紫山地
23 九州山地

都道府県をつなげよう

山の高さベスト3
1　富士山
2　北岳（赤石山脈）
3　穂高岳（飛騨山脈）

山地と山脈はどうちがう？

地形の特徴によって山脈、高原、高地、山地など、さまざまな名称がつかわれています。では、どんな決まりで名前がつけられているのでしょうか？実は、それぞれの言葉には、明確な定義はありません。おおよそこのような考え方によって分類されて、名前がつけられているのです。

山地　いくつかの山が集まった地域。頂上同士が尾根によってつながっていない山々。

山脈　頂上から頂上へと、尾根によってつながっていて、連続している山々。

高地　はっきりとした頂上がない山地。山地のなかでも比較的標高が低い地域。

丘陵　山地にくらべ高低差があまりないが、起伏の多い地域。山地と平野の間にあることが多い。

台地　まわりの地域より高くなっていて、起伏が少なく平らな地域。

盆地　まわりを山や丘陵に囲まれた平らな土地。

平野　平ら、または起伏の少ない、広い土地。

いちばん長い川は？

山が多く森林資源に恵まれていることは、私たちの生活に大きなえいきょうがあります。たとえば、家などの建築物は木でつくられることが多いですね。日本の自然環境の特徴は、ほかに、水に恵まれているということもあります。まわりを海に囲まれていますし、降った雨が川となって流れています。では、そんな流れのなかで、いちばん長いのは何という川でしょう？

川や海でつながる都道府県

日本には35,000あまりの川があります。山が多い日本の川は、短くて急な流れのものが多いうえ、春の雪どけ水や夏の台風などによって、水の量や川幅が大きく変化します。

そして、いくつかの川が合流したり、ぎゃくに分かれたりしながら、よび名が変わることもあります。全長367kmで、日本でいちばん長い信濃川は、長野では千曲川とよばれ、新潟では信濃川とよばれています。

1 天塩川（てしお）
2 石狩川（いしかり）
3 十勝川（とかち）
4 北上川（きたかみ）
5 最上川（もがみ）
6 阿武隈川（あぶくま）
7 信濃川（しなの）
8 利根川（とね）
9 神通川（じんずう）
10 富士川（ふじ）
11 天竜川（てんりゅう）
12 木曽川（きそ）
13 淀川（よど）
14 紀ノ川（きの）
15 吉野川（よしの）
16 四万十川（しまんと）
17 筑後川（ちくご）
18 球磨川（くま）

日本海

リマン海流
まわりの海水より水温が低い、寒流。

対馬海流
まわりの海水より水温が高い、暖流。

瀬戸内海（本州と四国の間）

太平洋

東シナ海

日本海流（黒潮）
まわりの海水より水温が高い、暖流。

オホーツク海

3

千島海流（親潮）
まわりの海水より水温が低い、寒流。

海流と気候

海の水にも流れがあり、海流といいます。海流は、海の上を通る空気をあたためたり冷やしたりするので、その沿岸地域の気候にもえいきょうをあたえます。
海流はいつも同じではありません。季節によって流れが変わったり、世界中の海との関係によって温度が変わったりします。

3のこたえ

川の長さベスト3

1 信濃川
2 利根川
3 石狩川

川の流域面積ベスト3

1 利根川
2 石狩川
3 信濃川

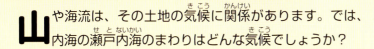
都道府県をつなげよう

瀬戸内海はどんなところ？ クイズ4

山や海流は、その土地の気候に関係があります。では、内海の瀬戸内海のまわりはどんな気候でしょうか？

都道府県のつながりは自然だけ？ クイズ5

自然環境から都道府県のつながりを見てきましたが、ほかのことでもつながっています。たとえば工業です。とくに太平洋側には工業がさかんな地域が、帯のように連なっています。そこは何とよばれているでしょう？

気候でつながる都道府県

高い山は、風をさえぎり、雲の動きにえいきょうをあたえます。
日本列島には、高い山々が連なる山脈があるため、冬は日本海側では曇りや雪、雨の日が多く、ぎゃくに太平洋側では晴れの日が多くなります。
ほかの地域は、どんな気候なのかみてみましょう。

北海道気候
梅雨がなくて雨が少ない。
夏はすずしい。
冬は寒さがとてもきびしい。

日本海側気候
冬は雨や雪が多く、とくに山ぞいの地域は雪の多い豪雪地帯となる。
夏は晴れた日が多く、気温も高い。

太平洋側気候
夏は、南東からの風のえいきょうで雨が多く、蒸し暑い日が多い。台風のえいきょうを受けやすい。
冬は山からの乾いた風がふき、空気が乾燥している。

中央高地気候
昼と夜の気温の差がはげしい。
高い山に囲まれて風のえいきょうをあまり受けないため、一年を通じて雨が少ない。

瀬戸内気候
夏は四国山地、冬は中国山地が季節風をさえぎるので、晴れの日が多く、雨が少ない。
一年中暖かくおだやかな日が多い。

南西諸島気候
一年中気温が高く、暑い日が多い。
雨が多い。
台風のえいきょうを受けやすい。

4のこたえ

都道府県をつなげよう

工業でつながる都道府県

工業が発達しているのは、どんな地域でしょう？交通の便がよく、原料や製品の輸送がかんたん。広い平野で、工業用地に恵まれている。人口が多いので、労働者を集めやすく、製品を買う人も住んでいる。電力や水の供給ができる。などが考えられます。海ぞいの平野に多く、とくに太平洋側に帯状に広がっているため、「太平洋ベルト」とよばれています。

日本三大工業地帯
京浜工業地帯
中京工業地帯
阪神工業地帯

道央工業地域
農業や酪農、漁業がさかんなので、食材が豊富。食料品工業など。

北陸工業地域
中央高地の豊富な電力と工業用水に恵まれている。製薬、金属、石油化学など。

関東内陸工業地域
広い関東平野をつかって発達。高速道路で東京などへ通じている。電気機器、自動車、繊維など。

京葉工業地域
交通が発達している。東京など人の多い大消費地が近い。石油化学、鉄鋼など。

京浜工業地帯
東京と横浜が中心で、大企業や研究機関が多く集まっている。印刷、出版など。

北九州工業地帯
かつては炭鉱を中心にさかえたが、近年はやや規模が小さくなっている。鉄鋼、金属など。

太平洋ベルト

🚩 5のこたえ

阪神工業地帯
大阪や神戸が中心。西日本経済とともに発達。繊維、雑貨など。

瀬戸内工業地域
水陸両方の交通の便がよく、埋め立てにより工業用地が得やすい。鉄鋼、造船、自動車など。

中京工業地帯
京浜と阪神の中間にあり、交通の便がよい。日本一の生産額。自動車、陶磁器など

東海工業地域
大きな川があり、水力発電による電力と、工業用水が得やすい。製紙、楽器、造船など。

都道府県を くらべよう

山や海、川などいろいろなもので
都道府県はつながっています。
けれど、細長く変化に富んだ
日本では、場所によって
気候や産業、文化に
さまざまなちがいができます。
あなたが住んでいるのは
どんなところですか？
別の都道府県と
くらべてみましょう。

都道府県をくらべよう

都道府県を
グループに分ける

47ある都道府県を、必要におうじて大きく分けたり細かく分けたりして、いくつかのグループに分けてあらわします。これを「地域区分」といいます。

いちばん大きな分けかたは、「東日本」と「西日本」の2つに分ける方法です。

東日本

西日本

東日本と西日本の境目は決まっていません。電気、電話など、つかわれる内容によって変わります。ただ、新潟、長野、静岡あたりが境目になることが多いようです。

たとえば、上の地図では東日本になっている静岡は、電話会社の分け方では西日本に入ります。

日本を8つのグループに分けると？

クイズ 6

う少し細かく分ける場合は、通常は8つの地域に分けます。ニュースなどで「関東地方」という言葉を聞いたことがありませんか？
ほかには、どんな地域があるでしょう？

8つの地域区分

分けかたに決まりはありませんが、通常は、「北海道地方」「東北地方」「関東地方」「中部地方」「近畿地方」「中国地方」「四国地方」「九州・沖縄地方」の8つに分けます。中国地方と四国地方を合わせてひとつにして、7つに分けることもあります。

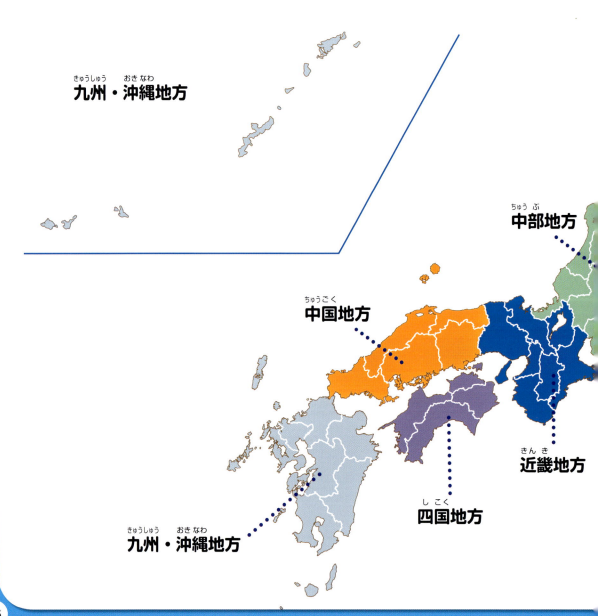

都道府県をくらべよう

天気予報では……

天気を調べている気象庁では、北海道、東北地方の「北日本」、関東地方に山梨と長野を合わせた「関東甲信」など、さまざまなグループをつくっています。

いちばん広い地方は？

クイズ 7

上の地図を見てひとめでわかる通り、４７都道府県のうちいちばん広いのは北海道です。では、８つの地域区分でいちばん広いのはどの地方でしょうか？

北海道地方
ほっかいどう

ひとつの地方自治体（この場合は都道府県のこと）で、地域区分をつくっているのは北海道地方だけです。たったひとつですが、北海道は、４７都道府県のなかでいちばん面積が広くて、日本全体の２割以上をしめています。８つの地域区分のなかでも、北海道地方がいちばん広い地域です。

日本でいちばん北にあって、北はオホーツク海、西は日本海、南は太平洋に面した、すべて海に囲まれた地方です。

都道府県をくらべよう

ほっかいどう 北海道

美瑛の大規模農場

その雄大な土地をつかって大規模に農業や酪農や畜産をおこなっています。農林水産省の調査で農業産出額が日本一。全体の約1割です。漁業もさかんで、イカ、サケ、タコなどの漁獲量も日本一です。

北海道の地名

北海道には、先住民のアイヌの人々の言葉をもとにしている地名がたくさんあり、市町村名の約8割はアイヌ語が由来になったものです。たとえば、道庁のある札幌は、アイヌ語のサッポロペッ（乾いた大きな川の意味）からうまれた地名です。

この本の地図の色

都道府県のかたちのなかで、水色の線のところは、海に接している海岸線です。右の地図の下の部分のように、水色の線がないところは、となりの都道府県と陸でつながっている境界線です。

文字の色の区分

赤い文字	都道府県庁の所在地	茶色の文字	島、半島、岬など
黒い文字	地名	青い文字	海、湖、港など
緑の文字	山、山地、盆地、平野など	紫の文字	地方など

本州のいちばん北にあるのは？

クイズ8

北海道の南には、津軽海峡をはさんで本州がありますね。さて、本州のいちばん北、北海道にいちばん近いところにあるのは何県でしょうか？

東北地方
とうほく

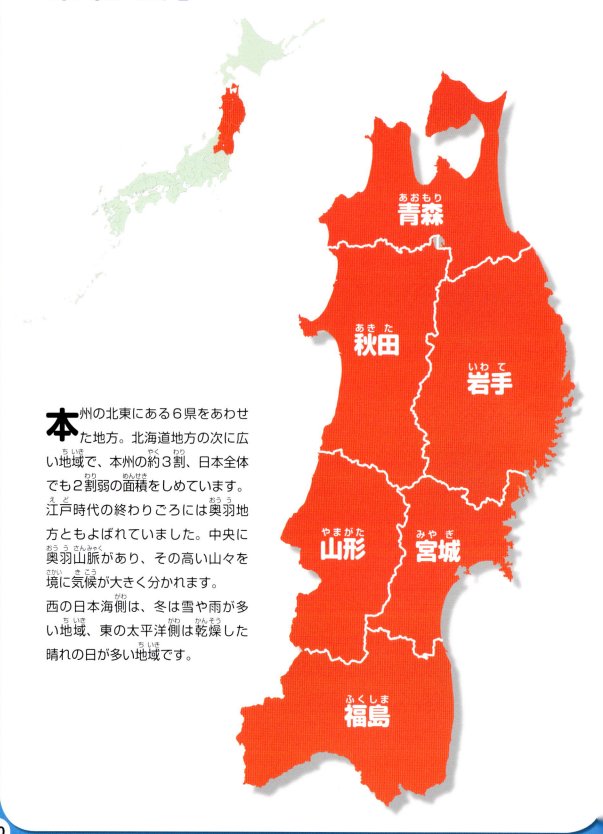

　本州の北東にある6県をあわせた地方。北海道地方の次に広い地域で、本州の約3割、日本全体でも2割弱の面積をしめています。江戸時代の終わりごろには奥羽地方ともよばれていました。中央に奥羽山脈があり、その高い山々を境に気候が大きく分かれます。
　西の日本海側は、冬は雪や雨が多い地域、東の太平洋側は乾燥した晴れの日が多い地域です。

あおもり
青森県

8のこたえ

本州のいちばん北にある県。すずしい気候をいかした農業がさかんで、リンゴや米、ニンニクなどが特産品です。津軽半島と下北半島の大きな2つの半島の間に、県庁所在地の青森市があります。青森市や弘前市を中心とした津軽地方と、八戸市を中心とした南部地方に分かれます。

はなやかな夏祭り

青森ねぶた祭は、秋田竿燈まつりや仙台七夕まつりとともに東北三大夏祭りとして知られています。ねぶたとよばれる大型の張りぼてをのせた山車が見物で、国の重要無形民俗文化財に指定されています。青森市以外でも弘前市のねぷたなど、大小さまざまなねぶた（ねぷた）がつくられています。

青森ねぶた

海岸の名前は？

クイズ9

岩手南部の海岸のように入江の多い複雑な形の海岸線を、何というでしょう？　宮城の海岸の北部も同じように、入り組んだ形になっていますね。

宮城にある日本三景のひとつは？

クイズ10

海に囲まれた日本を象徴する絶景の代表が、日本三景です。京都の天橋立は、自然がつくりだしたもの。広島の宮島は、人の生み出した芸術と自然との調和が見所です。もうひとつ宮城にあるのは何でしょう？

湖は何になった？

クイズ11

秋田県の男鹿半島にある八郎潟は、かつて日本で二番目に大きな湖でした。現在の八郎潟はどのようになっているでしょうか？

21

岩手県
いわて

北海道についで2番目に広い岩手。その大部分が山岳地帯のため、林業がさかんで、木炭や漆の生産量も日本一です。
延長700kmになる三陸海岸のうち南部は、海水面が上がって複雑な形になったリアス海岸。リアス式ともいいます。波が少なくおだやかで、深い海なので、ワカメやアワビの養殖に適しています。

平泉の中尊寺本堂

平泉の文化遺産

平安時代末期に奥州藤原氏が栄えた時代の寺院などが「平泉 ― 仏国土（浄土）を表す建築・庭園及び考古学的遺跡群 ―」として、2011年6月、東北地方で初めて世界文化遺産に登録が決まりました。それは、その年の3月に東日本大震災で大きな被害を受けた岩手の人たちにとって、明るいニュースでした。

宮城県
みやぎ

東には豊かな漁場、西には山々が連なり、中央部には広大な仙台平野がひろがる、海・山・川・平野が調和した自然環境に恵まれています。農業の中心は米です。
仙台市は、戦国時代に伊達政宗が築いた城下町が発展した都市で、古くから東北地方の経済の中心として栄えてきました。

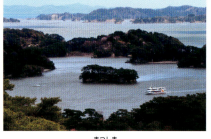

松島

さまざまな海岸線

松島は、湾内に260以上の島があり、その美しい景観は、日本三景のひとつとなっています。
宮城の海岸は、牡鹿半島より北は変化に富んだリアス海岸、南の仙台湾はなだらかな海岸となっており、いずれも漁業に適しています。しかし、2011年の東日本大震災のえいきょうで漁獲量が減ってしまいました。復興の努力によって少しずつ回復しているところです。

都道府県をくらべよう

秋田県
あきた

11のこたえ

海以外の三方を、白神山地、奥羽山脈、出羽山地などの山に囲まれた、山の多い地形です。日本海に面した男鹿半島にある八郎潟は、かつて日本で二番目に大きな湖でしたが、今は約8割が干拓されて、八郎潟残存湖といった別名でもよばれています。そこには大潟村ができて、さかんに農業がおこなわれています。

自然とともに

山が多く豊かな森林があるため林業がさかんで、とくに秋田杉が有名です。秋田が原産の秋田犬は、山での狩猟犬や闘犬として飼っていた犬がもとになっていて、国の天然記念物に指定されています。
農業では「あきたこまち」という米の産地として有名です。

秋田犬

クイズ12

出羽三山はどこの山?

山の多い、東北地方。古くから日本では、山に神がいたり、山そのものを神とする「山岳信仰」という考えがありました。そのため、山の上の神社に参拝したり、山で修行をしたりするのです。出羽三山とよばれる3つの山もそうです。では、出羽三山はどこの県にあるでしょう? 3つの山の名前はわかりますか?

クイズ13

福島県の中央にある湖は?

福島を代表する山、磐梯山の南のふもとに、日本で4番目に大きな湖がひろがっています。この湖の水は、福島の農業にたいへん役にたっています。何という名前の湖でしょうか?

やまがた
山形県

ほとんどが山地と盆地で、出羽山地と奥羽山脈が連なっています。日本海に面した北西部にある庄内平野では、最上川の水に恵まれ、米が栽培されています。「はえぬき」「つや姫」など山形で生まれた人気の品種もあります。内陸の盆地では果物の栽培がさかんで、とくにさくらんぼ、西洋なしなどが有名です。

蔵王と出羽三山

奥羽山脈にある蔵王では、霧が強風で木に凍りついてできる「樹氷」が有名です。樹氷の見物やスキーや温泉を楽しみに観光客が訪れます。

月山、羽黒山、湯殿山をあわせて出羽三山とよびます。山を崇拝の対象とした山岳信仰の場とされ、多くの修行者や参拝者が山に集まっています。

蔵王の樹氷

ふくしま
福島県

西から「会津」「中通り」「浜通り」に気候や文化が分けられます。会津は冬は雪が多く寒さが厳しく、中通りは盆地で、浜通りは太平洋に面していて、東北地方のなかでは温暖で、冬の雪も少ない地域です。

福島は、東北地方ではいちばん東京に近く、新幹線や高速道路でつながっているため、工業も発達しています。

水問題の解消

郡山市の周辺は雨が少ない地域ですが、日本で4番目に大きな湖、猪苗代湖と郡山市の間につくった「安積疏水」をつかって水をひくことで、さかんに米や野菜をつくることができるようになりました。この水は、工業や水力発電にもつかわれています。

安積疏水

都道府県をくらべよう

関東地方
かんとう

弓なりの日本列島の中ほど、太平洋側にある1都6県。人口がいちばん多い東京、2位の神奈川などをふくみ、たくさんの人が暮らす地域です。交通網も発達していて、日本の政治や経済の中心になっています。

2番目に大きい湖は？ — 秋田の八郎潟の大部分が埋め立てられ、この湖が2位になりました。 クイズ14

日光東照宮があるのは？ — 有名な戦国武将、徳川家康がまつられています。 クイズ15

群馬の世界遺産は？ — 昔から生産されていた群馬の特産品をつくる施設です。 クイズ16

25

茨城県(いばらき)

平野が多く、約3割の土地が農耕地。消費者がたくさんいる東京など都市部へ農作物を供給する「近郊農業」をおこなっています。工業もさかんで、太平洋側には電機製品や鉄鋼などの工業地帯があり、内陸部の、つくば市などには研究施設があります。

霞ヶ浦と筑波山

水に恵まれた農業・漁業

南部には日本で2番目に大きい湖、霞ヶ浦や北浦、千葉との県境には利根川があり、「水郷地帯」とよばれています。
大洗港は、イワシやシラスが多く水揚げされるほか、アンコウも名物です。

栃木県(とちぎ)

海に面していない内陸県で、冬の寒さと夏の暑さの差がはげしい気候。北部から北西部は山地で酪農がさかんです。
那須岳や男体山などの火山があり、そのまわりには温泉がたくさんあります。南部に広がる関東平野では農業がさかんで、イチゴやカンピョウが特産です。

日光東照宮

武将が眠る

世界文化遺産にも指定されている「日光の社寺」には、戦国武将で天下を統一した徳川家康をまつった日光東照宮があり、世界中から観光客が訪れています。さらに近辺には「華厳の滝」「中禅寺湖」など観光名所が多くあります。

都道府県をくらべよう

群馬県

北部は標高が高く、南部は低い地形で、夏は気温が上がり、雷も多く、冬は「赤城おろし」とよばれる冷たく乾燥した風がふきます。

ネギやコンニャクイモなど農業がさかんですが、工業も、古くから養蚕をおこない、カイコのまゆから生糸をとり、それをつかい織物をつくっていました。「富岡製糸場と絹産業遺産群」は世界遺産に指定されています。自動車産業もさかんです。

16のこたえ

富岡製糸場

人気の温泉地

浅間山、榛名山、赤城山などの火山のまわりには温泉がたくさんあります。なかでも草津温泉は、わき出る湯量が日本一で、人気の温泉地です。

ベッドタウンってどんな町？ クイズ17

埼玉のように、都心への交通が発達しているところは、住みやすくて便利なため、たくさんの人々が暮らしています。そんな都市を「ベッドタウン」とよびますが、なぜでしょう？

千葉の半島の名前は？ クイズ18

太平洋に大きく突き出た半島が特徴的な千葉のかたち。そのため、海に囲まれた、海岸線の多い県になっています。さて、その半島の名前は何というでしょうか？

農業産出額が低いのは？ クイズ19

日本は水や気候に恵まれた国で、どの都道府県も、その土地にあった農作物をつくっています。しかし、都市部では住宅などにたくさんの土地が必要なため、農耕地があまりありません。いちばん農業がおこなわれていないのは、どの都道府県でしょう？

埼玉県(さいたま)

海(うみ)のない内陸県(ないりく)。西部は山地や盆地で、東部は関東平野です。また、1年を通じて晴れが多い県です。東京への通学(つうきん)や通勤(べんり)に便利なため、昼間は人が少なく、夜は多い、「ベッドタウン」です。
秩父の長瀞(ちちぶ ながとろ)は、緩急(かんきゅう)のある川と、様々な奇岩(きがん)があり、国の名勝(めいしょう)・天然記念物(てんねんきねんぶつ)に指定されています。舟での川下りが人気です。

17のこたえ

長瀞(ながとろ)

地の利をいかし

ネギやブロッコリー、コマツナなどの野菜を、東京など都市部に出荷する「近郊農業(きんこう)」がさかん。
伝統産業(でんとうさんぎょう)では、節句人形(せっく)、ひな人形が日本全体の約半分の出荷額(しゅっかがく)を誇(ほこ)るほか、こいのぼりや桐たんすなどが有名です。

千葉県(ちば)

三(さん)方を海に囲(かこ)まれた房総半島(ぼうそうはんとう)の丘陵(きゅうりょう)と、関東平野が土地のほとんどをしめ、山地はあまりありません。海も南からの黒潮(くろしお)のえいきょうで暖(あたた)かく、春の訪(おとず)れが早い温暖(おんだん)な気候(きこう)。さまざまな野菜や果物(くだもの)、花がつくられていて、とくにナシやラッカセイが代表的(だいひょうてき)。野田市(のだ)を中心にしょうゆの生産もさかんです。

18のこたえ

海をいかして発展(はってん)

漁業(ぎょぎょう)もさかんで、とくに銚子港(ちょうし)は国内でも有数の漁港(ぎょこう)で、イワシやサバなどの水揚(みずあ)げで知られています。東京湾側は、東京から近いこともあり、化学工業の工場が多く、「京葉工業地域(けいようこうぎょうちいき)」とよばれています。また、「成田国際空港(なりたこくさい)」は、日本の空の玄関口(げんかんぐち)として代表的(だいひょうてき)な空港です。

成田国際空港(なりたこくさい)

都道府県をくらべよう

東京都 とうきょうと

江戸時代に幕府がおかれ、日本の中心として、政治や経済、文化の発信地になってきました。皇居や国会議事堂、官庁、大企業などがあります。多くの人の活動を支えるため、鉄道や道路が編み目のように広がり、交通が非常に発達しています。
西部は関東山地で、東部は関東平野が広がっています。

19の こたえ

東京の農業は…

日本一人口が多いのに、面積はあまり広くありません。農地につかえる土地が少ないので、全国でいちばん農業産出額が低い都道府県です。

東京の都庁は、新宿区にあります。しかし、地図などでは、多くは東京23区の総称として「東京」と表示されています。

国会議事堂

東京の島々と自然

東京は都会で、自然が少ないと思われています。たしかに、東京湾には埋め立て地が多く、自然のままの海岸線はほとんどありません。けれど、太平洋に1000km以上にわたって連なっている伊豆諸島と小笠原諸島の島々は、とても自然が豊かです。小笠原村の小笠原諸島は、世界遺産にも登録されています。また、沖ノ鳥島は、日本の最南端の小さな無人島ですが、この島があることで、日本の海域が広く保たれています。

小笠原諸島の南島から見た父島

鎌倉幕府があったのはどこ？

かつて鎌倉時代に、日本の政治の中心だった鎌倉があるのは、どの都道府県でしょうか？ 大きな大仏が有名なところです。

クイズ 20

神奈川県
かながわ

農業、漁業、工業ともにさかん。三浦半島では、ダイコンやキャベツなどの栽培、三崎港は遠洋漁業のマグロの水揚げで有名です。横浜市、川崎市から東京へ広がる京浜工業地帯では、おもに自動車など輸送用機器がつくられています。

観光の見所

鎌倉には、800年以上前の鎌倉時代に幕府がおかれたため、今でも多くの神社や寺があります。なかでも国宝の「鎌倉大仏」は有名です。ほかにも東海道の関所があった箱根などの歴史のある観光地や、横浜市の「みなとみらい」のように現在も開発が続く観光地もあります。

鎌倉大仏

20のこたえ

クイズ21
トキがいる島の名前は？

今では世界中でも数千羽しかいないという、絶滅危惧種の鳥、トキ。新潟の島に、人工繁殖をして放鳥している保護センターがあります。

クイズ22
蜃気楼が見られる海は？

海のむこうに、さかさまになった風景が見られるのが「蜃気楼」です。このめずらしい現象が見られることで有名な場所はどこでしょう？

クイズ23
石川の半島の名前は？

日本海に大きく突き出た半島。本州の日本海側の海岸のまんなかあたりにある、この半島の名前は何でしょう？

中部地方

都道府県をくらべよう

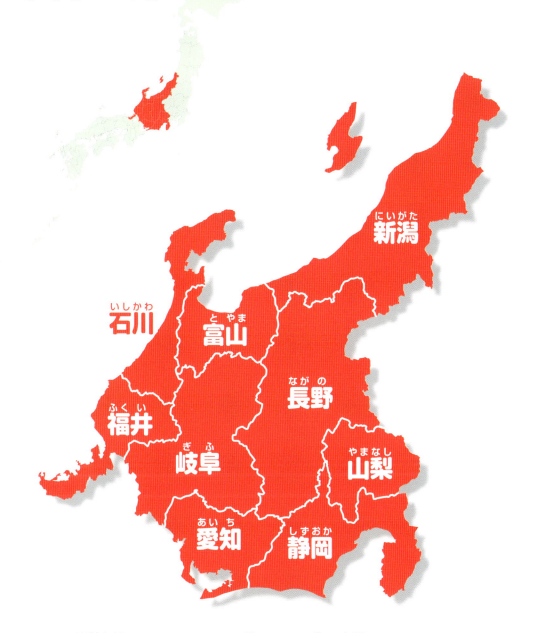

中央の山岳地帯をはさんで、日本海側と太平洋側で気候が大きくちがうので、それぞれの特徴をいかして生活しています。日本海側の地域は、冬は豪雪地帯。水に恵まれていて、米づくりなどがさかんです。中央部分には、とくに高い山がたくさんあり、「日本アルプス」とよばれ、果物や野菜づくりがさかんです。太平洋側は、工業や漁業がさかんです。

にいがた
新潟県

21のこたえ

トキ

日本海に面して弓なりに広がる新潟は、越後山脈が連なる山の多い県です。冬の寒さがきびしく、山間部では雪がたくさん降ります。その分、水に恵まれ、米どころとして知られています。せんべいなど米の加工品も名物です。佐渡島では天然記念物のトキを保護して繁殖させています。

金属製品が得意

北陸工業地域にふくまれていて、機械や金属製品の生産がさかんです。三条市のはさみや包丁、燕市のスプーンなども有名です。
昔は佐渡島で金がとれました。また、長岡市では、日本ではめずらしく、今でも天然ガスがとれます。しかし、量はわずかです。

とやま
富山県

22のこたえ

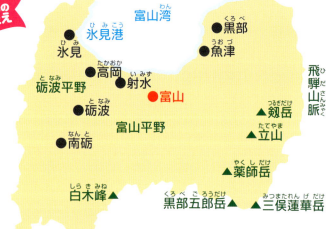

日本海の幸に恵まれて漁業がさかんです。寒ブリが有名なほか、「富山湾の宝石」とよばれるシロエビ、「富山湾の神秘」とよばれるホタルイカなどさまざまな魚介類がとれます。
魚津市の沖では、春に蜃気楼があらわれることがあります。これは、空気の温度差で光が屈折して幻が見える、めずらしい現象です。

日本一高いダム

立山にある黒部峡谷の深くて険しい谷をいかして、水力発電所がつくられています。なかでも、黒部ダムは186mと日本一の高さをほこり、戦後の高度成長期の電力の支えとなりました。しかし、それをつくるのは非常にむずかしいことで犠牲者も出ました。現在は、立山の雄大な自然とともに観光名所としても知られています。

黒部ダム

都道府県をくらべよう

いしかわ 石川県

南北に約170kmと細長いかたちをしていて、大きく突き出た能登半島もあるため、海岸線が長くて約580kmもあります。冬は日本海側からの季節風が両白山地にあたって雲をつくる、雪の多い豪雪地帯です。工業は、小松市でのブルドーザーなど建設機械の製造を中心に、機械工業がさかんです。

加賀百万石の城下町

石川は、かつての加賀の国と能登の国があわさってできた県です。金沢とその周辺地域である加賀は、城を中心に栄えた城下町でした。そのはなやかな伝統は今も受けつがれ、金箔や銀箔の生産量は日本一です。また、茶道などの伝統文化も楽しまれているため、和菓子をはじめ菓子類への支出が多いのも特徴です。能登では輪島塗など漆工芸がさかんです。

輪島塗

23のこたえ

恐竜が発見されたのは？ クイズ24

日本にも恐竜がいたって知っていますか？ 日本の各地で化石が発見されていますが、なかでもたくさんの恐竜の化石がみつかっていて、恐竜の名前にもなっているのは、どの都道府県でしょう？

富士五湖の湖の名前は？ クイズ25

山梨と静岡の県境にそびえる日本一高い山、富士山。そのふもとには、富士五湖とよばれる、文字通り5つの湖があります。

日本アルプスって、どんな山？ クイズ26

山の多い日本のなかでも、とくにたくさんの高い山が集まっている長野に「日本アルプス」があります。3つの山脈をあわせて、そうよんでいるのですが、何という山脈でしょうか？

ふくい
福井県

大きく2つの地域に分けられます。越前地方は、両白山地の山がちな地形で、冬は雪が多い豪雪地帯です。福井平野では米がたくさんつくられています。海岸はけわしい岩壁が続いていて、とくに東尋坊が有名です。一方、若狭地方は比較的雪が少ない地域です。リアス海岸で、カニやカレイがたくさんとれます。

恐竜王国フクイ

フクイサウルス、フクイラプトル、フクイティタンなど名前に福井とついた恐竜がいます。勝山市ではたくさんの化石が発見されており、日本最大の恐竜の博物館があります。

24のこたえ

恐竜博物館の館内

やまなし
山梨県

富士山と南アルプスの山々に囲まれた内陸県です。中央にある甲府盆地では、昼と夜の気温差が大きくなります。また、雨が少なく晴れの日が多いため、日照時間が長いのも特徴です。そうした気候をいかし、ブドウやモモ、スモモ、リンゴなどの果物の栽培がさかんです。

富士山と河口湖

富士五湖

25のこたえ

富士山のふもとには、富士箱根伊豆国立公園があり、そこに富士五湖とよばれる湖があります。本栖湖、精進湖、西湖、河口湖、山中湖です。いずれも、かつてあった富士山の噴火によってできた湖です。

都道府県をくらべよう

ながの 長野県

26のこたえ

日本の屋根とよばれるほど高い山が多く、約8割が森林です。飛騨山脈、木曽山脈、赤石山脈の3つの山脈が通っていて、あわせて「日本アルプス」とよんでいます。涼しい気候や山の水をいかした、野菜やキノコ、果物の栽培がさかんです。

長野オリンピック

オリンピックで使用したスキージャンプ台

1998年に、長野市で冬季オリンピックが開催されました。1972年の札幌オリンピックについで、日本で2番目の冬季オリンピックです。このために長野新幹線や上信越自動車道などの交通網が整備されて便利になりました。

関ヶ原の戦いがあった場所は？

クイズ27

関ヶ原という場所での決戦を中心に、日本の全国各地で戦いがおこなわれたため、「関ヶ原の合戦」ともよばれています。では、その関ヶ原があるのは、どの県でしょうか？

静岡が、生産量日本一の飲み物は？

クイズ28

山や海、湖など自然に恵まれ、農業、漁業、工業ともにさかんな静岡。そんな静岡でつくられている農産物のなかで、とくに有名なのは、ある飲み物です。それは何でしょうか？

瀬戸物の由来になった場所は？

クイズ29

皿や茶わんなど、磁器や陶器のことを「瀬戸物」といいます。これは、ある県にある地名がもとになった言葉です。どの県でしょうか？

岐阜県（ぎふ）

北部の飛騨地方には高い山々が連なっています。南部の美濃地方は平野で夏は暑く、冬は寒い内陸性の気候です。

戦国時代を終わらせ、その後の日本の支配者を決定付けた天下分け目の戦い「関ヶ原の戦い」。その戦いがおこなわれたのは、県の南西にある、関ヶ原町です。

🚩 27のこたえ

白川郷

合掌造りの家

白川村には、合掌造りの家が集まる白川郷があります。合掌造りは、勾配が急な茅葺き屋根が、手を合わせたような形になっているのが特徴です。白川郷は1995年に世界文化遺産に登録されました。

静岡県（しずおか）

伊豆半島と御前崎に囲まれた駿河湾。とくに焼津港は、カツオやマグロを中心に、全国でもトップクラスの水揚げ量をほこります。
温暖な気候で農業もさかんな静岡は、お茶の生産量が日本一です。
そのほか、ミカンやイチゴ、メロンなど果物も名産です。

🚩 28のこたえ

みかん畑と富士山

ピアノもプラモデルも……

湖西市から沼津市の間の海側の地域は、東海工業地域とよばれる産業がさかんなところです。浜松市では、ピアノなどの楽器やオートバイ、自動車、静岡市周辺ではプラモデルなど、工業が発達しています。

都道府県をくらべよう

愛知県（あいち）

平野が多い愛知は、東京と大阪へ新幹線や高速道路が通っていて、移動や輸送に便利なため工業が発達し、中京工業地帯の中心になりました。日本一の工業精算額をほこり、豊田市を中心に自動車産業が有名です。そのほか、瀬戸市などでは、陶磁器の生産もさかんです。

トヨタ自動車元町工場

29のこたえ

気候をいかした農業

濃尾平野は、夏は暑く、冬は伊吹おろしとよばれる冷たい風がふきます。渥美半島や岡崎平野などは温暖な気候で、野菜や花の栽培に適しています。2014年の農林水産省の統計では、野菜はキャベツ、花はキク、バラの出荷量が日本一です。

指定都市

政令（内閣が制定する命令）で指定された、人口５０万人以上の都市。地方自治法という法律で定められています。都道府県でおこなわれる行政の一部が、市に移譲され、税金の使い方などを独自に運営できるようになります。
愛知の県庁所在地、名古屋市も、指定都市です。大阪市などとともに１９５６年に指定されました。２０１７年２月現在で、指定されているのは、次の２０市です。

大阪府大阪市、愛知県名古屋市、京都府京都市、神奈川県横浜市、兵庫県神戸市、福岡県北九州市、北海道札幌市、神奈川県川崎市、福岡県福岡市、広島県広島市、宮城県仙台市、千葉県千葉市、埼玉県さいたま市、静岡県静岡市、大阪府堺市、新潟県新潟市、静岡県浜松市、岡山県岡山市、神奈川県相模原市、熊本県熊本市　　（指定日順）

三重で養殖している宝石は？

クイズ30

世界で初めて養殖に成功して以来、今でも特産品として生産が続けられています。

近畿地方
きんき

京都や奈良のように古い歴史をもつ場所が、たくさんある地域です。江戸時代に政治の中心が東京に移る前は、日本の中心として栄えていました。

「関西」とよばれることもあります。

関東地方の次に人口が多く、西日本の経済の中心になっています。とくに、京都市と大阪市、兵庫の神戸市を中心とした「京阪神」とよばれる地域の工業や経済が発展しています。

都道府県をくらべよう

三重県（みえけん）

志摩半島のリアス海岸は、伊勢エビなどの海産物が豊富で、カキ、ノリなどの養殖もさかんです。鳥羽では、世界で初めて真珠の養殖に成功しています。

気候は温暖で、とくに南部は台風がよく通り、雨の多い地域です。

伊勢神宮の内宮

お伊勢参り

伊勢神宮は、江戸時代から人々が一度は行きたいと願う場所でした。天照大神をまつる内宮、豊受大神をまつる外宮をはじめ、たくさんの宮社があります。

２０１６年の伊勢志摩サミットでは、各国の首脳陣がならんで記念写真をとりました。

いちばん大きな湖は？

クイズ31

日本でいちばん面積が大きな湖は、滋賀にあり、滋賀全体の約６分の１が、その湖で、貯水量も日本一です。何という名前の湖でしょうか？

ふたつの「府」はどこ？

クイズ32

府という漢字は、軍事・政治の拠点や大都市を意味します。明治維新のときに１０か所できた「府」は、1869年に３か所に絞られ、長崎府、新潟府など７か所は「県」になりました。その後、東京府が、東京市（今の23区）をふくめて東京都となり、府は２か所になりました。では、今も府がつくのはどこでしょう？

天下の台所ってどこ？

クイズ33

江戸時代は、物流や商業の中心地で、生活物資の多くがいったん生産地よりここに集められて、ふたたび全国の消費地に送られていました。

滋賀県

中央にある日本一大きな湖、琵琶湖のおかげで水に恵まれていて、耕地のほとんどが水田です。琵琶湖は「近畿の水がめ」とよばれ、滋賀だけでなく、京都や大阪などで飲料水や工業水として役立てられています。この大切な湖の環境や生態系をまもるため、さまざまな取り組みがおこなわれています。

たくさんの文化財

古くから交通の要所として栄えたため、国宝や文化財が多くあります。彦根城は、江戸時代の井伊氏の城で、建てられた当時のすがたを残している天守閣は、国宝に指定されています。また、京都との境の比叡山にある延暦寺は世界遺産に登録されています。

彦根城

京都府

南北に細長い形の京都は、中央にある丹波高地を境にして、気候が日本海型と内陸型に分かれます。日本海に面する海岸線は、変化に富んだ形のリアス海岸。そこにある天橋立は日本三景のひとつです。内陸の南部は盆地で、夏と冬の温度差が大きい地域です。

歴史ある古都

平安時代に、天皇の御所がつくられたことから、都として栄えました。今でも多くの建造物が残っていて、「古都京都の文化財」として多くのお寺が世界文化遺産に登録されているほか、「京都祇園祭の山鉾行事」が無形文化遺産に登録されています。世界中から観光客が訪れています。

天橋立

都道府県をくらべよう

おおさか 大阪府

32のこたえ

江戸時代には大阪が物流の要所となり、「天下の台所」とよばれていました。現在も西日本の政治、経済、文化の中心として栄えています。たくさんの人が集まっていますが、日本で2番目に面積がせまい県です。

33のこたえ

百舌鳥・古市古墳群

古墳とは古代のおもに有力者の墓のことで、土が高く盛り上げられていたり、石が積み上げられていたりします。大阪には、日本最大の大仙（山）古墳（仁徳天皇陵）をふくむ、堺市にある百舌鳥古墳群や、羽曳野市と藤井寺市にある古市古墳群など多くの古墳が残っています。

百舌鳥古墳群

白鷺城があるのは何県？

クイズ 34

白くて美しい鳥、白鷺。それに例えられるほど白くて美しい城があります。どこにあるでしょうか？

国宝の建造物がいちばん多い県は？

クイズ 35

国が指定する国宝には、絵画や彫刻、古文書などさまざまな分野のものがあります。神社や住居など建造物の国宝の件数が、最も多いのはどこの県でしょうか？

ウメの収穫量がいちばん多い県は？

クイズ 36

おにぎりにいれる梅干しは、ウメの実を加工した保存食です。では、ウメの収穫量が日本一多いのはどこの県でしょうか？

兵庫県

神戸などの阪神工業地帯では鉄鋼業がさかんです。

酒どころとしても有名で、日本酒の生産量が日本一。日本酒と似たつくり方をする、みりんの生産量も多い県です。北は日本海、南は瀬戸内海に面していて、中央には山地があるので、北部と南部では、ずいぶん気候がちがいます。

🚩34のこたえ

美しい姫路城

白鷺城ともよばれる白いしっくいぬりの外観が美しい姫路城は、約400年前につくられた天守が残る貴重な文化財で、世界遺産にも登録されています。2015年には「平成の大修理」を終えて、外壁がぬり直され、築城当時のすがたがよみがえりました。

姫路城

奈良県

奈良時代には都があり、政治や文化の中心だったため、歴史のある遺跡や建築物がたくさんあります。国宝の建造物の数は日本一で、なかでも法隆寺の五重塔は現存する世界一古い木造建築物です。世界遺産に登録されています。

🚩35のこたえ

法隆寺

歴史ある森林

県の中南部の吉野林業地帯にある、500年ほど昔の室町時代から植林がおこなわれてきた日本で最古の人工林では、吉野杉が育てられています。ゆがみが少なく強度があり、色や香りがよいのが特徴で、酒樽などにつかわれます。

また、吉野にはシロヤマザクラを中心に約3万本の桜が密集しています。「千本桜」とよばれ、花見の時期は大勢の人が桜を楽しみます。

都道府県をくらべよう

和歌山県

 36のこたえ

森林が面積の約8割で、良質な炭が備長炭として知られています。ウメの栽培もさかんで、収穫量は日本一。とくに南高梅という品種が有名です。また、ミカンの収穫量も多い県です。高野山や熊野三山（南東部にある三つの大社）は山岳信仰の場として大切にされ、それらを結ぶ道、熊野古道がつくられました。奈良の吉野とともに「紀伊山地の霊場と参詣道」として世界遺産に登録されています。

日本で唯一の飛び地

北山村は、和歌山の他の市町村と接していない飛び地です。昔から道ではなく川をつかって和歌山の新宮に木材を運んでいたため、隣接している県よりも和歌山との結びつきが強かったのです。そこで、廃藩置県の際に住民が強く希望して、和歌山に入りました。

熊野古道

都道府県庁所在地と地名

奈良や和歌山の県庁所在地は、県名と同じですが、兵庫の県庁所在地は県名と異なる地名ですね。県名と県庁所在地の名前がちがうところは、全部で17あります。
さらに、東京都庁の所在地を（新宿）として、埼玉県庁のある（さいたま）も地名がちがうと考えると、19の都道府県になります。

北海道（札幌）　岩手（盛岡）　宮城（仙台）　茨城（水戸）　栃木（宇都宮）
群馬（前橋）　神奈川（横浜）　石川（金沢）　山梨（甲府）　愛知（名古屋）
三重（津）　滋賀（大津）　兵庫（神戸）　島根（松江）　香川（高松）
愛媛（松山）　沖縄（那覇）

いちばん人口が少ない県は？

クイズ37

人口が最も多い東京には、2015年の調査によると、約1,350万人の人が住んでいます。これは、日本全体の1割以上にあたります。一方、最も人口が少ない県に住む人は、約57万人です。その県は、どこでしょう？

中国地方

本州のいちばん西にある5つの県です。北の「山陰地方」とよばれる日本海側は、冬の寒さがきびしい日本海側気候。南の「山陽地方」とよばれる瀬戸内海側は、温暖な瀬戸内気候です。瀬戸内海には、たくさんの島があり、複雑な海岸線をしています。

都道府県をくらべよう

とっとり 鳥取県

37のこたえ

日本海に面して東西に細長く、冬は雪が多い日本海側気候です。鳥取平野を中心にナシやラッキョウ、スイカなどの栽培がさかんです。境港は日本海側で一二を争う水揚げ量の漁業基地。カニ、アジ、イカなどがとれます。いちばん人口が少ない県です。

広くて美しい砂丘

鳥取市の日本海側、山陰海岸国立公園にある鳥取砂丘は、国の天然記念物にも指定されています。東西約16kmもひろがっており、風によって表面がさざ波のようになる「風紋」が美しい、日本一有名な砂丘です。観光用にラクダも飼われています。

鳥取砂丘

日本最大の銀鉱山があったのは？ クイズ38

今は閉山していて採掘はできませんが、石見銀山は、かつて日本最大の銀山でした。戦国時代から江戸時代にかけての最盛期のころは、日本が産出する銀の量が世界中の銀の3分の1もあったと推測されています。

桃太郎のふるさとは何県？ クイズ39

いくつかの説はありますが、桃太郎の持つ「きびだんご」に縁があり、元になったとされる話が伝わっている、この県が、桃太郎発祥の地ではないかといわれています。さて、それはどこでしょう？

広島の平和記念公園にある世界遺産は？ クイズ40

平和記念公園は、広島市の中心部にある、平和への願いをこめてつくられた公園です。そこにある、世界遺産にも登録されている、核兵器の悲惨さを象徴する建物は何でしょう。公園には、ほかに慰霊碑や資料館、国際会議場などがあります。

島根県

38のこたえ

かつては日本最大の銀山だった大田市の石見銀山。現在は遺跡が残され、世界遺産に登録されています。出雲地方では、弥生時代の青銅器が出土しています。また、中国山地でとれる砂鉄をつかった伝統的な製鉄法「たたら製鉄」は今でも受け継がれています。
宍道湖と中海は、海水と淡水がまじる「汽水湖」で、宍道湖ではシジミ漁がさかんです。

出雲大社のしめなわ

神様が集う神社

出雲市にある出雲大社は、日本神話の大国主大神がまつられています。現在の本殿は1744年に建てられたものです。神楽殿のしめなわは長さが13mもあり、日本一の大きさです。10月を「神無月」とよぶのは、全国の神様がここに集まり、不在になるからです。そのため、出雲ではこの月を「神在月」または「神有月」とよびます。

岡山県

岡山市は日本で最も雨の日が少ない県庁所在地で、「晴れの国」とよばれています。マスカットやピオーネなど高級品種のブドウやモモなどが特産です。北部の蒜山高原では酪農がさかんでジャージー牛が多く飼育されています。倉敷市は繊維業がさかんでジーンズや学生服の生産量は日本一です。

蒜山高原のジャージー牛

39のこたえ

桃太郎誕生の地!?

昔話の「桃太郎」は、岡山に伝わる「温羅退治」という話が元になったという説があります。「吉備」は岡山から広島東部あたりの昔の名前です。吉備津神社門前の茶店の名物だったきびだんごは、物語にも登場し、今ではたくさんのお店で販売しています。

都道府県をくらべよう

広島県

造船や製鉄、自動車産業がさかん。江戸時代にはじまったといわれるカキの養殖の生産量は日本一です。また、プロ野球チーム「広島東洋カープ」の名前にあるようにコイの養殖もさかんで、海外にも出荷されています。県南部は雨の少ない瀬戸内気候で、レモンなど柑橘類がたくさんつくられています。

原爆ドーム

平和への願い

広島市の平和記念公園にある原爆ドームは、1945年8月6日に原子力爆弾が爆発した場所のすぐ近くに建っていて、その恐ろしさを今に伝えています。被爆前は、広島の物産品の展示や販売をする場所でした。世界遺産にも登録されています。

世界遺産とは

地球の生成と人類の歴史によって生み出され、引き継がれてきた宝物。文化遺産・自然遺産・複合遺産の3種があります。各国政府の推薦の中から、国際記念物遺跡会議の審査をへて、21か国でつくる世界遺産委員会が、年1回、登録するかを決めます。

文化財とは

美術、工芸、歴史資料、建造物など人間の文化や生活によって生み出されたもののうち、とくに歴史的、文化的価値の高いもの。国が指定しています。文化財保護法で、保護の対象とされています。有形文化財・無形文化財・民俗文化財・記念物・文化的景観・伝統的建造物群の6種があります。

国宝とは

国が指定する重要文化財のうち、とくに学術的価値が高いものや、歴史上きわめて重要なものを、専門家が調査したのち、文部大臣が指定しています。

本州のいちばん西にある県は?

クイズ41

本州の西の端にあり、九州にいちばん近いのは何県でしょうか? トンネルや橋で、九州につながっています。

やまぐち
山口県

41のこたえ

関門海峡

本州の最西端で、九州との経済や文化の連絡口としても栄えてきました。とくに下関市は、関門海峡をはさんで、関門トンネル、関門橋で、福岡県の北九州市とつながっています。新関門トンネルを新幹線も通っています。一方、東部の岩国市などは隣接する広島との結びつきが強い地域です。

フグと福

かつては禁止されていたフグ食は、明治21年に山口で解禁になりました。地元では福という言葉にかけてフクとよばれています。フグは、九州など他の地域からも下関に集められ、競りにかけられています。その競りには、筒状の布袋に入れた手の形で価格を示す「袋競り」というフグ独特のものがあります。

徳島の有名なおどりの名前は？
クイズ42

昔の国の名前が、おどりの名前についています。「おどるあほうに見るあほう、同じあほなら、おどらな損々」という歌でも有名で、全国的に知られています。

いちばん小さい県はどこ？
クイズ43

いちばん面積が大きいのは北海道。では、いちばん小さいのは、どの県でしょう？

『坊っちゃん』の舞台は？
クイズ44

明治時代に、夏目漱石が書いた小説『坊っちゃん』は、漱石自身が学校の先生として、ある県ですごした体験をもとに書かれています。

四国地方

四国という島は、その名の通り4つの国（県）に分かれています。北側の瀬戸内海は本州との間の内海で波がおだやかです。瀬戸内海側の地域は、温暖で雨が少ない瀬戸内気候をいかした農業や漁業がさかんです。南側の太平洋に面した地域は、やはり温暖なうえ、黒潮のえいきょうを受けて雨が多い気候です。そのため野菜づくりがさかんです。太平洋での遠洋漁業のための港もあります。

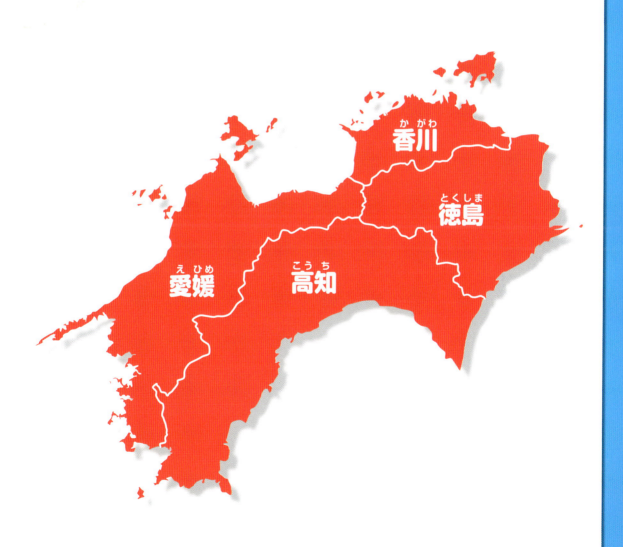

とくしま
徳島県

🚩 42のこたえ

昔は阿波国という名前でした。その名がついた「阿波おどり」が全国的に有名です。

北部は1年を通して温暖で雨の少ない瀬戸内気候。サツマイモがレンコン、ニンジンなどが特産です。また、スダチの収穫量は日本一で、神山町や阿南市などでつくられています。

うず潮

地図:
- 瀬戸内海
- 鳴門海峡
- 讃岐山脈
- 徳島平野
- 鳴門
- 美馬
- 眉山 ▲
- 徳島
- 三好 祖谷渓
- 四国山地
- 雲早山 ▲
- 阿南
- 剣山 ▲
- 那賀
- 紀伊水道
- 石立山 ▲
- 甚吉森 ▲
- 牟岐
- 美波
- 海陽
- 太平洋

鳴門のうず潮

潮の流れがとても速い鳴門海峡は、複雑な地形の海底のえいきょうや潮の干満によって、巨大なうず巻きがあらわれます。大きいものは、直径が30mにもなります。

また、鳴門ではワカメが特産で、はげしい潮流にもまれて育つため、厚くひきしまり味がよいといわれています。

かがわ
香川県

🚩 43のこたえ

四国の北東部、110ほどの島をふくめても、いちばん面積が小さな県。坂出市から瀬戸大橋を通ると、岡山の倉敷市で本州につながります。雨が少なく、大きな川もないため、水不足になりがちです。そのため、ため池がたくさんあります。小豆島では、温暖な気候をいかして、オリーブが栽培されています。

瀬戸大橋

うどん県

香川県観光協会は、名物の讃岐うどんにちなみ2011年から「うどん県」と名のって、多くの観光客をよぶためにさまざまな工夫をしています。古くから小麦、塩、しょうゆ、にぼしなど、うどんの材料が特産なので、うどんの生産量、消費量ともに日本一です。

地図:
- 瀬戸内海
- 豊島
- 小豆島
- 塩飽諸島
- 直島
- 高松
- 坂出
- さぬき
- 丸亀
- 讃岐平野
- 荘内半島
- 琴平
- 矢筈山 ▲
- 観音寺
- 伊吹島
- 竜王山 ▲
- 讃岐山脈

都道府県をくらべよう

愛媛県

平地が少なく、だんだん畑でのミカンやイヨカンなどの柑橘類の栽培がさかんです。
リアス海岸の宇和海ではブリやマダイなどが養殖されています。
松山市にある道後温泉は、日本最古ともいわれるほど古くからあり、本館は重要文化財に指定されています。また、夏目漱石の小説『坊っちゃん』の舞台としても知られています。

44のこたえ

瀬戸内しまなみ海道

四国の愛媛と本州の広島をむすぶ連絡橋。今治市から、大島、伯方島などの島々を通って尾道市につながります。西瀬戸自動車道ともよばれますが、自転車と歩行者の専用道もあり、美しいサイクリングコースが人気です。

道後温泉本館

海にまつわる言葉

これらの名前について、何メートル以上などと明確な決まりはありません。また、どこからどこまでと、きっちりとした区分もできません。

灘 潮の流れが速いところや、風浪が激しいところ。航海が困難な海域。

海峡 両側から陸地にはさまれ狭められている海。2つの海をつなぐ水路になっていることが多い。

水道 海峡と同じ意味ですが、比較的長く続いている海域。「瀬戸」ということもあります。

高知でおこなわれているカツオ漁の名前は？

クイズ45

高知は太平洋に面しているため、漁業がさかんです。なかでも釣り竿をつかってする、豪快な漁法が有名です。知っていますか？

高知県(こうち)

45のこたえ

太平洋に面した土佐湾があり、カツオやマグロなどの遠洋漁業がさかんで、とくにカツオ漁の「一本釣り」が有名です。土佐湾の桂浜には、地元の偉人、坂本龍馬の銅像があります。

温暖な気候をいかして、米の早期栽培や、ナスなどをビニールハウスで育てる促成栽培がおこなわれています。

西部を流れる四万十川は、本流に大きなダムなどがなく「日本最後の清流」とよばれています。

よさこい祭り

最近は日本各地で開催されている「よさこい祭り」は、高知市ではじまったお祭りです。鳴子という音の出る道具を持っておどります。

坂本龍馬像

学問の神様がいるところは？
クイズ46

昔の学者、菅原道真がまつられている神社を、天満宮といいます。日本各地にありますが、とくに道真と関係が深いといわれる天満宮が九州にあります。どこの県にあるでしょう？

伊万里港から運び出された名産品は？
クイズ47

佐賀のとある名産品は、おもに伊万里市、有田市、唐津市などでつくられて、全国に運ばれていました。それは何でしょうか？

いちばん島が多い県は？
クイズ48

日本は海に囲まれているので、島が多い国ですが、とくにこの県は島が多いことが特徴です。どの県でしょうか？

九州・沖縄地方

日本で3番目に大きな島の九州と、いちばん南にある県の沖縄をふくむ地域です。海流にのってたくさんの魚がくるため漁業がさかんです。九州には阿蘇山、桜島などの火山も多く、温泉もたくさんあります。

鹿児島の南の海上に薩南諸島があります。

九州本島から500km以上離れた島々です。

鹿児島（薩南諸島）

福岡
佐賀
大分
長崎
熊本
宮崎
鹿児島

沖縄

都道府県をくらべよう

ふくおか
福岡県

46のこたえ

福岡は九州でいちばん人口の多い県で、九州の政治や経済、文化の中心になっています。北九州市は、関門海峡で本州の山口県につながる、九州の玄関口でもあります。
日本国内だけでなく、中国や韓国にも近く、たらこを唐辛子などで味付けした辛子明太子など、外国から伝わった文化もあります。

太宰府天満宮

学問の神様

太宰府市にある太宰府天満宮は、平安時代の政治家で学者の菅原道真をまつる学問の神様として有名です。とくに受験シーズンには全国から合格祈願のために多くの人が訪れます。神木の「飛梅」の樹齢は1000年をこえるともいわれています。梅は太宰府市のシンボルにもなっています。

さが
佐賀県

遠浅の有明海では、古くから干拓がおこなわれていました。波が静かで、ノリの養殖がさかんです。耕地面積の割合は全国でも上位で、稲作を中心に、農業もさかんです。ビールの原料の二条大麦の栽培もされています。
唐津や伊万里、有田で制作した伝統的な陶器・磁器は、古くから全国に運ばれていました。

47のこたえ

吉野ヶ里遺跡

吉野ヶ里遺跡

吉野ヶ里町と神埼市にまたがっている丘にある弥生時代の集落の跡。「環濠集落」といって、敵の侵入をふせぐために周囲を二重の堀で囲んでいました。物見やぐらを建てた備えは、城の原型ともいわれています。稲作文化のはじまりのころの貴重な遺跡で、国の特別史跡にも指定されています。現在は復元した建物が公開されています。

都道府県をくらべよう

ながさき 長崎県

日本が外国との交流を禁じていた時代も、長崎の出島では外国との貿易がみとめられていました。そのため、外国から伝わった文化も多い異国情緒豊かな県です。名物のカステラはヨーロッパから伝わったお菓子です。五島列島はかつてキリシタンの島とよばれていましたが、今でも教会がたくさんあります。

島の数は日本一

壱岐、対馬、平戸島、五島列島など大小さまざま971島もの島があります。日本の全ての島の14%です。

北松浦半島の九十九島

対馬／対馬／壱岐島／的山大島／平戸／北松浦半島／佐世保／奈留島／中通島／大村湾／諫早湾／久賀島／西彼杵半島／諫早／雲仙岳／若松島／五島列島／角力灘／長崎／福江島／北松浦半島／長崎半島／橘湾／島原半島／東シナ海

熊本城を建てた人は？ クイズ49

熊本のシンボル、熊本城。400年以上前に、「築城の名手」といわれたある戦国大名が、当時の最先端の技術をつかって建てた城です。その戦国大名とは誰でしょうか？

トンネルがいちばん多い県は？ クイズ50

山地が多いこの県は、トンネルの数が日本一多い県です。火山もあり温泉も有名です。何県でしょう？

阿蘇山の噴火でできたのは？ クイズ51

火山の噴火は恐ろしいものですが、結果として美しい風景がうまれることもあります。たとえば、宮崎のある峡谷は、阿蘇山から噴出した火砕流が川にそって流れ出し、急激に冷やされて柱のような崖となったものです。何というところでしょうか？

熊本県

全国でも有数の農業生産額で、トマトやスイカの生産が日本一のほか、ナス、メロンなどが栽培されています。カルデラ火山の阿蘇山のふもとでは、牛の飼育がさかんです。水産業は、八代海などでノリやタイ、エビ、真珠の養殖がおこなわれています。

🚩 49のこたえ

よみがえれ、熊本城！

戦国大名・加藤清正が築いた名城・熊本城は、市の中心部の丘に建ち、熊本のシンボルとして親しまれてきました。ところが、2016年4月14日に発生した大地震とその後の揺れによって、大きな被害を受けてしまいました。復旧には長い年月とたくさんの費用が必要になります。しかし、県民の願いで復旧に向けての動きがはじまっています。

震災前の熊本城

大分県

🚩 50のこたえ

山地が多く、林業がさかんで、山でつくる干しシイタケの生産量も日本一。トンネルの数もいちばん多いのです。
一村一品運動は、大分ではじまった、各市町村それぞれの特産品を育てようという運動です。中津市のハクサイ、臼杵市のカボスなどで地域おこしをしています。

おんせん県おおいた

火山が多く、温泉の数とお湯の量が日本一で「おんせん県おおいた」をキャッチフレーズにしています。別府、由布院などの温泉地が有名です。八丁原発電所は火山のくじゅう連山の地熱を利用した日本最大の地熱発電所です。こうした施設があることで、大分は再生可能エネルギー自給率が日本一の県になっています。

別府温泉の海地獄

都道府県をくらべよう

みやざき 宮崎県

雪が降ることはほとんどなく、快晴の日が多い温暖な気候。それをいかした野菜の促成栽培がさかんで、キュウリの収穫量は日本一。ピーマンも特産です。畜産がたいへんさかんで、豚の飼育数は鹿児島についで2位のほか、鶏や牛もたくさん飼育されています。

高千穂峡

阿蘇山の大噴火によってできたといわれている高千穂峡。国の名勝、天然記念物に指定されています。切りたった崖が続く峡谷で、とくに真名井の滝にはたくさんの観光客が訪れます。周辺には、神話の「天岩戸伝説」でアマテラスが隠れて世の中が真っ暗になったという場所、天岩戸神社もあります。

真名井の滝

51のこたえ

クイズ52 ロケットが発射される島がある県は?

この島には、ロケットの発射場のほか、組み立てのための設備などもあります。組み立てや点検、打ち上げ、打ち上げ後の追跡まで、ロケットに関するさまざまな作業をしています。
海外では広大な原野につくられることの多い発射場が、ここはサンゴ礁の海ぞいにあるので、「世界一美しいロケット基地」ともいわれています。

クイズ53 亜熱帯にある県は?

さあ、最後のクイズです。日本列島は南北に長いため、北の北海道のように寒い亜寒帯の地域からさまざまな気候区分に属していますが、ほとんどの県は温帯に属します。北海道とはぎゃくに、暑い亜熱帯に属している県はどこでしょうか?

鹿児島県
かごしま

九州のいちばん南にある鹿児島は、県本土とよばれる薩摩地方・大隅地方と、薩南諸島とよばれる大隅諸島・トカラ列島・奄美群島があります。鹿児島は台風の通り道で、上陸数は日本一です。農業がさかんで、なかでもサツマイモや茶の生産量が多い県です。

鹿児島最南端の与論島

種子島宇宙センター

宇宙航空研究開発機構（JAXA）が種子島に設置している、大型ロケットの発射場です。地球の自転を利用したロケットの打ち上げは、赤道に近いほど成功しやすいことなどから種子島が選ばれました。

52のこたえ

沖縄県
おきなわ

沖縄島や久米島などの沖縄諸島と、宮古島・石垣島・西表島などの先島諸島からなる琉球諸島。およそ50の島に人が住んでいます。九州本土から500kmも離れていて、気候は亜熱帯に属します。かつては琉球王国という国でした。今でも、建築物や祭りなどに、その独特な文化が残っています。

53のこたえ

沖縄の家の屋根と守り神シーサー

沖縄返還

沖縄は第二次世界大戦のときに戦場になり、およそ3か月間に日米両軍と民間人をあわせて約20万人もの人が亡くなりました。日本は敗戦し、沖縄はアメリカに統治されました。日本に返還されたのは1972年です。現在もアメリカ軍の施設が集中していることが、大きな問題になっています。

都道府県さくいん

この本の「都道府県をくらべよう」では、都道府県番号（都道府県コード）の順に載せていますが、「さくいん」では、都道府県名を五十音順にならべています。

都道府県章は、その自治体のシンボルです。県章がなかったり、ほかに旗やシンボルマークをもっていて、そちらの方を積極的につかっている自治体もあります。

また、各都道府県のシンボルとなる木や花なども決められています。そこで育つ植物や、海でとれる魚など、それぞれの都道府県の特徴をあらわすものが選ばれています。

各都道府県の面積は、国土交通省国土地理院の「平成27年全国都道府県市区町村別面積調」をもとにしています。

	都道府県章	都道府県のデータ	都道府県のシンボル		ページ
あ		**愛知**　あいち　都道府県庁所在地　名古屋　面積　5,172 平方キロメートル	木　花　鳥　魚	ハナノキ　カキツバタ　コノハズク　クルマエビ	37
		青森　あおもり　都道府県庁所在地　青森　面積　9,645 平方キロメートル	木　花　鳥　魚	ヒバ　リンゴの花　ハクチョウ　ヒラメ	21
		秋田　あきた　都道府県庁所在地　秋田　面積　11,637 平方キロメートル	木　花　鳥　魚	秋田スギ　フキノトウ　ヤマドリ　ハタハタ	23
い		**石川**　いしかわ　都道府県庁所在地　金沢　面積　4,186 平方キロメートル	木　花　鳥	アテ(ヒノキアスナロ)　クロユリ　イヌワシ	33
		茨城　いばらき　都道府県庁所在地　水戸　面積　6,097 平方キロメートル	木　花　鳥　魚	ウメ　バラ　ヒバリ　ヒラメ	26
		岩手　いわて　都道府県庁所在地　盛岡　面積　15,275 平方キロメートル	木　花　鳥　魚	南部アカマツ　キリの花　キジ　南部サケ	22
え		**愛媛**　えひめ　都道府県庁所在地　松山　面積　5,676 平方キロメートル	木　花　鳥　魚　動物	マツ　ミカンの花　コマドリ　マダイ　ニホンカワウソ	51

石川、愛媛は、県旗を載せています。

59

	都道府県章	都道府県のデータ	都道府県のシンボル		ページ
お		**大分** おおいた 都道府県庁所在地　大分 面積　　6,340 平方キロメートル	木 花 鳥	豊後ウメ 豊後ウメ メジロ	56
		大阪 おおさか 都道府県庁所在地　大阪 面積　　1,905 平方キロメートル	木 花 鳥	イチョウ ウメ・サクラソウ モズ	41
		岡山 おかやま 都道府県庁所在地　岡山 面積　　7,114 平方キロメートル	木 花 鳥	アカマツ モモ キジ	46
		沖縄 おきなわ 都道府県庁所在地　那覇(なは) 面積　　2,281 平方キロメートル	木 花 鳥 魚	リュウキュウマツ デイゴ ノグチゲラ グルクン（タカサゴ）	58
か		**香川** かがわ 都道府県庁所在地　高松(たかまつ) 面積　　1,876 平方キロメートル	木 花 鳥 魚 動物	オリーブ オリーブ ホトトギス ハマチ シカ	50
		鹿児島 かごしま 都道府県庁所在地　鹿児島 面積　　9,186 平方キロメートル	木 花 鳥	クスノキ・カイコウズ ミヤマキリシマ ルリカケス	58
		神奈川 かながわ 都道府県庁所在地　横浜(よこはま) 面積　　2,415 平方キロメートル	木 花 鳥	イチョウ ヤマユリ カモメ	30
き		**岐阜** ぎふ 都道府県庁所在地　岐阜 面積　　10,621 平方キロメートル	木 花 鳥 魚	イチイ レンゲソウ ライチョウ アユ	36
		京都 きょうと 都道府県庁所在地　京都 面積　　4,612 平方キロメートル	木 花 鳥	北山スギ シダレザクラ・サガギク・ナデシコ オオミズナギドリ	40
く		**熊本** くまもと 都道府県庁所在地　熊本 面積　　7,409 平方キロメートル	木 花 鳥 魚	クスノキ リンドウ ヒバリ クルマエビ	56

さくいん

	都道府県章	都道府県のデータ		都道府県のシンボル		ページ
く		**群馬** ぐんま 都道府県庁所在地 前橋 面積 6,362平方キロメートル	木 花 鳥 魚	クロマツ レンゲツツジ ヤマドリ アユ		27
こ		**高知** こうち 都道府県庁所在地 高知 面積 7,103平方キロメートル	木 花 鳥 魚	ヤナセスギ ヤマモモ ヤイロチョウ カツオ		52
さ		**埼玉** さいたま 都道府県庁所在地 さいたま 面積 3,797平方キロメートル	木 花 鳥 魚 蝶	ケヤキ サクラソウ シラコバト ムサシトミヨ ミドリシジミ		28
		佐賀 さが 都道府県庁所在地 佐賀 面積 2,440平方キロメートル	木 花 鳥	クス クスの花 カササギ		54
し		**滋賀** しが 都道府県庁所在地 大津 面積 4,017平方キロメートル	木 花 鳥	モミジ シャクナゲ カイツブリ		40
		静岡 しずおか 都道府県庁所在地 静岡 面積 7,777平方キロメートル	木 花 鳥	モクセイ ツツジ サンコウチョウ		36
		島根 しまね 都道府県庁所在地 松江 面積 6,708平方キロメートル	木 花 鳥 魚	クロマツ ボタン ハクチョウ トビウオ		46
ち		**千葉** ちば 都道府県庁所在地 千葉 面積 5,157平方キロメートル	木 花 鳥 魚	マキ ナノハナ ホオジロ タイ		28
と		**東京** とうきょう 都道府県庁所在地 東京（新宿） 面積 2,190平方キロメートル	木 花 鳥	イチョウ ソメイヨシノ ユリカモメ		29
		徳島 とくしま 都道府県庁所在地 徳島 面積 4,146平方キロメートル	木 花 鳥	ヤマモモ スダチの花 シラサギ		50

61

	都道府県章	都道府県のデータ	都道府県のシンボル		ページ
と		栃木 とちぎ 都道府県庁所在地　宇都宮 面積　　6,408 平方キロメートル	木 花 鳥 動物	トチノキ ヤシオツツジ オオルリ カモシカ	26
		鳥取 とっとり 都道府県庁所在地　鳥取 面積　　3,507 平方キロメートル	木 花 鳥 魚	ダイセンキャラボク 二十世紀梨の花 オシドリ ヒラメ	45
		富山 とやま 都道府県庁所在地　富山 面積　　4,247 平方キロメートル	木 花 鳥 魚 動物	立山スギ チューリップ ライチョウ ブリ・ホタルイカ・シロエビ ニホンカモシカ	32
な		長崎 ながさき 都道府県庁所在地　長崎 面積　　4,132 平方キロメートル	木 花 鳥 動物	ヒノキ・ツバキ 雲仙ツツジ （ミヤマキリシマ） オシドリ 九州シカ	55
		長野 ながの 都道府県庁所在地　長野 面積　　13,561 平方キロメートル	木 花 鳥 動物	シラカバ リンドウ ライチョウ カモシカ	35
		奈良 なら 都道府県庁所在地　奈良 面積　　3,690 平方キロメートル	木 花 鳥 魚	スギ 奈良ヤエザクラ コマドリ キンギョ・アユ・アマゴ	42
に		新潟 にいがた 都道府県庁所在地　新潟 面積　　12,584 平方キロメートル	木 花 鳥	ユキツバキ チューリップ ユキワリソウ トキ	32
ひ		兵庫 ひょうご 都道府県庁所在地　神戸 面積　　8,400 平方キロメートル	木 花 鳥	クスノキ ノジギク コウノトリ	42
		広島 ひろしま 都道府県庁所在地　広島 面積　　8,479 平方キロメートル	木 花 鳥 魚	モミジ モミジ アビ カキ	47
ふ		福井 ふくい 都道府県庁所在地　福井 面積　　4,190 平方キロメートル	木 花 鳥 魚	マツ スイセン ツグミ 越前ガニ	34

兵庫は、県旗を載せています。

さくいん

	都道府県章	都道府県のデータ		都道府県のシンボル	ページ
ふ		**福岡** ふくおか 都道府県庁所在地　福岡 面積　　4,986 平方キロメートル	木 花 鳥	ツツジ ウメ ウグイス	54
		福島 ふくしま 都道府県庁所在地　福島 面積　　13,783 平方キロメートル	木 花 鳥	ケヤキ ネモトシャクナゲ キビタキ	24
ほ		**北海道** ほっかいどう 都道府県庁所在地　札幌 面積　　83,424 平方キロメートル	木 花 鳥	エゾマツ ハマナス タンチョウ	19
み		**三重** みえ 都道府県庁所在地　津 面積　　5,774 平方キロメートル	木 花 鳥 魚 動物	神宮スギ ハナショウブ シロチドリ イセエビ カモシカ	39
		宮城 みやぎ 都道府県庁所在地　仙台 面積　　7,282 平方キロメートル	木 花 鳥 動物	ケヤキ ミヤギノハギ ガン シカ	22
		宮崎 みやざき 都道府県庁所在地　宮崎 面積　　7,735 平方キロメートル	木 花 鳥	フェニックス ハマユウ コシジロヤマドリ	57
や		**山形** やまがた 都道府県庁所在地　山形 面積　　9,323 平方キロメートル	木 花 鳥 魚 動物	サクランボ ベニバナ オシドリ サクラマス カモシカ	24
		山口 やまぐち 都道府県庁所在地　山口 面積　　6,112 平方キロメートル	木 花 鳥 魚 動物	アカマツ ナツミカンの花 ナベヅル フグ 本州ジカ	48
		山梨 やまなし 都道府県庁所在地　甲府 面積　　4,465 平方キロメートル	木 花 鳥 動物	カエデ フジザクラ ウグイス カモシカ	34
わ		**和歌山** わかやま 都道府県庁所在地　和歌山 面積　　4,724 平方キロメートル	木 花 鳥 魚	ウバメガシ ウメ メジロ マグロ	43

63

●写真・図版提供

「日本全図」（国土地理院）をもとにクイズ図鑑編集部加工作成
富岡市（群馬県）
小笠原村観光局（東京都）
石川県観光連盟
鳥取県
ペイレスペイレスイメージズ

●主要参考文献

『新詳高等地図　改訂版』（帝国書院）
『都道府県別・まるわかり水産業』（岩崎書店）
『統計から読み解く　都道府県ランキング』（新建新聞社）
『統計でみる都道府県のすがた　2011』（日本統計協会）
各自治体 公式ホームページ
国土交通省 国土地理院 ホームページ
経済産業省 ホームページ
総務省統計局ホームページ
農林水産省ホームページ

ブックデザイン：アンシークデザイン
編集協力：奥山修

都道府県・クイズ図鑑

2017年 3 月　初　版
2022年12月　第 8 刷

著者　　　クイズ図鑑編集部
発行者　　岡本光晴
発行所　　株式会社 あかね書房
　　　　　〒101-0065　東京都千代田区西神田3-2-1
　　　　　電話 03-3263-0641（営業）　03-3263-0644（編集）
　　　　　https://www.akaneshobo.co.jp
印刷所　　株式会社 精興社
製本所　　株式会社 難波製本

ISBN978-4-251-09764-4 C8625
NDC 290　64ページ　26㎝
©Aakaneshobo 2017 Printed in Japan
落丁本・乱丁本はお取りかえいたします。
定価はカバーに表示してあります。